TRANSPARENT

Band 18

V&R

Dr. Thomas Schleiff, geb. 1950, ist Pfarrer in Heide/Holstein

Gretje Witt ist freie Illustratorin in Düsseldorf

Thomas Schleiff

Der Vogel mit dem Doktorhut

Vergnügt-besinnliche Tiergedichte

Mit 15 Illustrationen
von Gretje Witt

Zweite Auflage

Vandenhoeck & Ruprecht
Göttingen · Zürich

Die Deutsche Bibliothek – CIP-Einheitsaufnahme

Schleiff, Thomas:
Der Vogel mit dem Doktorhut : vergnügt-besinnliche Tiergedichte / Thomas Schleiff. Mit Ill. von Gretje Witt. – 2. Aufl. – Göttingen ; Zürich : Vandenhoeck und Ruprecht, 1996
(Transparent; Bd. 18)
ISBN 3-525-01806-1
NE: GT

Umschlaggestaltung: Rudolf Stöbener

Umschlagabbildung:
Hans Gottfried von Stockhausen, Wachsen. 1979.
Überfangglas, Schliff, Blei. 50 × 60 cm.

Printed in Germany
Schrift: Palatino
Gesamtherstellung: Hubert & Co., Göttingen
Gedruckt auf chlor- und säurefreiem Papier

Inhalt

GeFLÜGELte und geFELLige Verse

GeFELLig sei die Poesie –
genau wie wir, das liebe Vieh.
GeFLÜGELt ist des Dichters Satz,
wie Motte, Schmetterling und Spatz.

Hört, was die Sprache euch verrät:
In jedem Tier steckt ein Poet.
Ihr ahnt, daß wir Berufung spüren?
Laßt uns als Dichter debüTIERen.

Martin Luther an die Vögel

Ihr Vögel habt stets frohen Mut.
Ich ziehe vor euch meinen Hut
und bitte euch, auch mich zu lehren,
mich nicht mit Sorgen zu beschweren.

Da ihr so froh und munter singt
und euch nicht um die Freude bringt
durch Sorge um die Lebensmittel,
verleih' ich euch den Doktortitel.

Vorwort

Der Titel dieses Buches und das Gedicht »Martin Luther an die Vögel« sind angeregt durch ein Wort Luthers, das ich hier zu Beginn zitieren möchte:

> Es fliegen die Vögelein vor unsern Augen über uns zu kleinen Ehren, daß wir wohl möchten unsere Hütlein gegen sie abtun und sagen: Mein lieber, kleiner Herr Doktor, ich muß bekennen, daß ich die Kunst nicht kann, die du kannst. Du schläfst die Nacht über in deinem Nestlein ohne alle Sorge. Des Morgens fliegst du wieder aus, bist fröhlich und guter Dinge, setzest dich auf einen Baum und singest, lobest und dankest Gott; darnach suchest du dein Körnlein und findest es. Pfui, was habe ich alter Narr gelernt, daß ich's nicht auch tue, der ich doch so viele Ursachen dazu habe? Daher: Das Vögelein läßt sein Sorgen und hält sich in solchem Falle wie ein lebendiger Heiliger und hat doch weder Äcker noch Scheunen, weder Kasten noch Keller; es singt, lobt Gott, ist fröhlich und guter Dinge.

Martin Luther in einer Predigt zu Matthäus 6, 24–34, aus der Hauspostille von 1544, vgl. Weimarer Ausgabe 52, S. 473/74.

In den Gedichten dieses Buches kommen unterschiedliche Tiere zu Wort. Entsprechend unterschiedlich sind auch die Anknüpfungspunkte, die den Gedichten zugrunde liegen. Beim Schmetterling etwa geht es um eine Entsprechung von tierischer und menschlicher Wirklichkeit. Beim Storch ist der Anknüpfungspunkt die Rolle, die er in den menschlichen Erzählungen spielt. Wieder anders liegen die Dinge bei Spatz und Schwein und Schlange.

In einem Punkte sind sich die Tiere dieses Buches einig. Sie sehen uns Menschen im biblischen Sinne als Gottes Ebenbild, und sie möchten uns an unsere Würde und unsere besonderen Gaben erinnern. Zugleich machen sie uns in humorvoller Weise darauf aufmerksam, daß mit unseren Gaben auch besondere Gefährdungen verbunden sind.

Fast alle Gedichte sind aus sich selbst heraus zu verstehen und – hoffentlich – zu genießen. In einigen Fällen beziehe ich mich auf biblische und theologische Voraussetzungen, die nicht ohne weiteres geläufig sind. Das könnte etwa für »Das Schwein« gelten und auch für die Gedichte zum 1. und zum 2. Gebot. In diesen Fällen helfen aber die angegebenen Bibeltexte und das Nachwort.

Angeregt von Martin Luther möchte ich nun ebenfalls mein Hütlein ziehen – und zwar vor denen, die mir geholfen haben, daß dieses Buch so geworden ist, wie es jetzt vorliegt.

Dr. med. Ernst Gerhardt in Lohe-Rickelshof hat die Gedichte wiederholt kritisch durchgesehen. Ich habe seinen sprachlichen Ratschlägen im einzelnen und grundsätzlich vieles zu verdanken.

Auch der Rat meiner Frau war mir unentbehrlich. Sie ist an vielen Formulierungen beteiligt.

Wie das Buch durch die Illustrationen von Gretje Witt gewinnt, kann jeder sehen! Und schließlich noch dies: Luthers Vogel-Zitat kam mir in einem Andachtsbuch frei zugeflogen. Prof. Karin Bornkamm hat es für mich in der Weimarer Ausgabe gefunden; vielen Dank. Und nun?

Nun öffnet bitte eure Ohren
dem weisen Wort der Tier-Doktoren!

Prolog

Seit Darwin gilt es als bekannt:
Wir Tiere sind mit euch verwandt.
Doch wenn ihr meint, daß uns das ehrt,
dann liegt ihr leider ganz verkehrt.

Ihr denkt, es wäre schick und fein,
nun grad mit euch verwandt zu sein?
Mit euch, den Brüdern wie den Schwestern
und allemal: den Luftverpestern?

Wir geben zu: Ihr seid »nicht ohne«,
vielleicht sogar der Schöpfung Krone,
doch scheint's, daß eure großen Gaben
auch viele Schattenseiten haben.

Auf jeden Fall: Wir protesTIERen,
uns als Verwandte anzuführen!
Gemeindet uns nicht einfach ein,
laßt uns doch was Besondres sein.

Nicht gleich sind Mensch und Tier geschaffen.
Wir sehen eine Lücke klAFFEN –
was Menschen doch wohl wissen müssen:
Denkt an den Geist und das Gewissen.

Wir sagen es ganz kurz und bündig:
Wir sind nicht gut und auch nicht sündig.
Wir sind nur einfach, wie wir sind –
wie ihr es höchstens *wart* (als Kind).

Wir müssen auch zu unsrem Glück
zu der Natur nicht erst – zurück.
Wir sind und bleiben stets bei ihr,
das ist ja typisch für das Tier.

Und »was die Welt zusammenhält«,
berührt uns nicht in Flur und Feld.
Wir nehmen alles einfach hin
und fragen nicht nach einem Sinn.

Als Philosophen sind wir Laien,
als Theologen ohne Weihen.
Doch kann's zu mancher Einsicht führen,
als VIEHlosoph zu mediTIERen.

I. Hauptteil

*Ge*FLÜGEL*te* *und* *ge*FELL*ige* *Verse*

Der Spatz

Matthäus 6,26 und Matthäus 10,29

Hoffnungsloser Fall

Ich glänze nicht mit dem Gefieder
und glänze nicht durch meine Lieder.
Ich glänze auch ansonsten nicht,
als Spatz ist man kein großes Licht.

Dazu kommt mir noch der Verdruß:
Es gibt mich fast im Überfluß.
Will man auf dieser Welt was gelten,
so ist es besser, man ist selten.

Und dann bin ich zu meinem Pech
bekanntlich außerdem noch frech.
Ich picke andern alles weg
und mache einen Haufen Dreck.

So ist auch in Charaktersachen
– verzeiht! – mit mir kein Staat zu machen.
(Und wie ich mich zu kennen meine,
zeig' ich jetzt Einsicht nur zum Scheine.)

Ich bin ein hoffnungsloser Fall
in der Musik und der Moral.
Doch über eines bin ich froh:
Mein Schöpfer sieht's nicht ebenso.

(Das gebe auch euch Menschen Halt,
wenn ihr euch einmal nicht gefallt:
Gott sieht mit liebevollen Augen,
daß wir Geschöpfe etwas taugen.)

Schluß mit Selbstkritik

Drum Schluß nun mit der Selbstkritik –
es gibt ja Gottes Wort, zum Glück!
Hört, was ich bei Matthäus finde:
Dort wehn für Spatzen gute Winde.

Ich lese, daß ich was bedeute
für Gott – genau wie große Leute.
Mein Spatzenhirn kann es nicht fassen –
Gott mißt wohl doch mit andern Maßen.

Wenn ich auch unterm Durchschnitt bin,
so hat mein Leben gleichwohl Sinn.
Ja, ich (und nicht bloß Karajan)
bin Teil von Gottes großem Plan.

So dachte Jesus einst von mir
und sprach: Wenn Gott dies kleine Tier
in seinen starken Händen hält,
daß es nicht auf den Boden fällt,

wenn er es selbst nicht weiß und will –
dann sei doch auch der Mensch ganz still
und traue dem, der ihn gemacht
und seine Wege wohl bedacht.

Wie klein ich wohl auch immer sei,
ich bin für Gott nicht einerlei.
Das gibt uns Trost und Kraft, uns Spatzen.
(Doch liebt Gott etwa auch die Katzen?)

Die Eule

Ich kenne nun das Weltgeschehn
seit Sokrates und seit Athen
und sage euch in aller Ruh':
Es geht mir viel zu hastig zu!

Das eine löst das andre ab
und immerzu seid ihr auf Trab.
Gegründet wird und abgeschafft –
mir ist das wirklich ... schleierhaft.

Wenn ich, weit weg von Gut und Böse,
so für mich auf den Ästen döse,
läuft alles in Gedankenbahnen
wie bei den Vätern und den Ahnen.

Auch technisch ist, was sich bewährt,
bei mir so gut wie nie verjährt.
Ich fliege noch, wie immer schon,
nach alter Eulentradition

und bin in meinem Fluggeschick
in Stil und Technik ganz antik.
Ach, zieht nur einmal den Vergleich
zum Fortschrittsdrang im Menschenreich:

Wie habt ihr früher in Athen
bewundernd zu mir aufgesehn!
Ich war da wirklich hoch hinaus
und euch im Fliegen weit voraus.

Doch nun habt ihr mich überboten
mit Flugzeugkrach und Jet-Piloten.
Ihr wart nun gar schon auf dem Mond.
(Doch – hat sich das für euch gelohnt?)

Der Storch

Vorstellung
und Gegenfrage

Seht ihr mich noch mit weiten Schwingen
euch aus dem Teich die Babys bringen?
Ertönte wo der erste Schrei,
hieß es: Der Storch kam hier vorbei.

Lag eine Frau im Wochenbette,
dann sagte man verschämt, ich hätte
der Mutter in das Bein gebissen –
so habe sie zu Bette müssen.

Die Zeiten sind nun aufgeklärt
und Kinder früh geschlechts-belehrt.
Wo bleibt da Platz für jene Fabel
vom Kinderbringer mit dem Schnabel?

Belächelt wird die alte Sage,
doch stelle ich die Gegenfrage:
Wie lautet denn nun eure Lehr',
wo kommen eure Babys her?

Liebesspiel

Sehr viele gibt es jetzt, die schieben
es auf das schöne Traumwort »lieben« –
so kämen also eure Gören
vom gegenseitigen Betören?

Es ist gewiß wohl etwas dran
am Liebesspiel von Frau und Mann
und daß, wenn man sich innig liebt,
es manchmal kleine Kinder gibt.

Jedoch nicht immer kommt ein Kind,
worüber manche traurig sind.
(Erleichtert stellen andre fest,
daß sich nichts zeigt beim Baby-Test.)

Wenn eine Frau sich schwanger fühlt,
so hat die Liebe mitgespielt.
Woher jedoch und auch weswegen
liegt auf der Liebe solch ein Segen?

Wissenschaft

Hilft euch die Wissenschaft da weiter?
Und werdet ihr durch sie gescheiter?
Und könnt ihr nun die Frage lösen:
Woher sind diese kleinen Wesen?

Käm' die Chemie in ihrer Küche
dem Leben einmal auf die Schliche
und könnte ohne Liebesfühlen
durch Mischung nur von Molekülen

die Menschenbabys selber bauen
ganz ohne Männer, ohne Frauen …

ach klapperdiklapp, klapperdiklapp,
ich breche ab, ich breche ab –
und lobe mir den alten Teich
in meinem Klapperstorchenreich.

Keine Sachen

Wer meint, ich wäre Kinderkram,
entstanden bloß aus falscher Scham,
dem sei genauer dargelegt,
was mich im tiefsten Grund bewegt:

Ihr Menschen seid doch keine Sachen,
und deshalb kann man euch nicht *machen,*
auch nicht erfinden, nicht bedienen –
im Unterschied zu den Maschinen.

Ihr seid als Menschen nicht gewöhnlich,
ihr habt ein »Ich« und seid persönlich.
Und nun die Frage, tief und schwer:
Was ist das »Ich«, wo kommt es her?

Sei man auch noch so sehr verwandt,
bleibt es doch letztlich unbekannt.
Staunt mancher nicht noch über sich,
wenn er so denkt: Ach, *der* bin *ich*?

Überraschung

Die Mutter selbst ist ahnunglos,
wer das wohl sei in ihrem Schoß.
Sie kann das Wunder auch nicht fassen
und muß sich – überraschen lassen.

Von seinem Weinen, seinem Lachen
ist vorher ja kein Bild zu machen.
Sogar die schönste Phantasie
weiß nur das »Daß« und nicht das »Wie«.

Und dann beim ersten Erdenton,
man staunt: Geheimnis der Person!
Nun endlich bist du bei uns hier,
wir sagen ab jetzt »du« zu dir.

Ist das, wie manche bei euch lehren,
»nichts als« natürliches Vermehren?
Als ob ihr so die Sache wißt,
die grade keine »Sache« ist!

Wirklichkeit und Wahrheit

Ich bin bezüglich der Entbindung
gewiß nur menschliche Erfindung.
Sind aber meine Babyflüge
schon darum eine bloße Lüge?

Daß ich euch aus dem Teich gezogen,
ist, wörtlich aufgefaßt, gelogen –
und doch ist es ein gutes Bild,
das in bestimmter Hinsicht gilt:

Ihr könnt den Ursprung nicht erklären
und müßt ihn als Geheimnis ehren –
das ist aus meinem Fabelwesen
als tiefer Sinn herauszulesen.

Bei allem eurem Aufgekläre
bestehe ich auf meiner Ehre:
Ich bin nicht *wirklich* bis aufs Haar –
im tiefren Sinne aber *wahr.*

Vermächtnis

Ihr wißt, ich habe abgedankt;
doch da mir um euch Menschen bangt
(um Ehrfurcht, Demut, Frömmigkeit
in eurer aufgeklärten Zeit),

und weil die Kinder in den Wiegen
mir nach wie vor am Herzen liegen,
erlaubt mir hier in dieser Sache
ein Abschiedswort vom hohen Dache:

Es hat sich keiner selbst gemacht,
und hätt' er's noch so weit gebracht!
Insofern stimmt auch der Vergleich
mit meinem rätselhaften Teich.

Doch seid ihr nicht im Teich geschwommen –
ihr seid aus Gottes Hand gekommen,
denn er schuf alle Erdengäste –
bis hin zu mir in meinem Neste.

Der Schmetterling

Die Raupe

Ob Tier, ob Mensch, das gilt für jeden:
Man hört gern Gutes von sich reden
und ist getroffen und verletzt,
wird man nicht sonderlich geschätzt.

So ahnt ihr wohl, wie ich mich quäle
im Innern meiner Raupenseele.
Denn was bekomme ich zu hören!
Das muß doch jeden Stolz zerstören:

»Wie scheußlich rauh und äußerst gräßlich,
verfressen, widerlich und häßlich!
Wie eklig bloß, igittigitt,
wie schädlich auch, schnell weg damit!«

Wenn ich so auf dem Kohlblatt sitze
und dabei meine Ohren spitze,
beginne ich, mich zu genieren
schon für mein bloßes Existieren.

Wer ist denn schon ganz frei und stark
und sagt sich selbst: »Die reden Quark.
Was man unter den Menschen spricht,
bringt mich nicht aus dem Gleichgewicht?«

Für mich ist jedes Wort ein Schlag,
es trifft mich, daß mich keiner mag.
(Und manchmal zweifle ich im stillen
sogar an Gottes gutem Willen.)

Hinwiederum ist jedes Leid
im Grunde eine Prüfungszeit.
Und wer sich so durchs Leben raupt,
der lernt auch tiefer, wie man glaubt.

Entpuppung

Ich freue mich, mich zu entpuppen.
Nun fällt den Leuten es wie Schuppen
von ihren Augen, und sie blicken
auf mich mit Freude und Entzücken.

Das, was sie nun von mir erzählen,
ist Balsam für verletzte Seelen.
Man nennt mich schön und fein und zart;
jetzt wird an Lob nicht mehr gespart.

Mit Worten gibt man manchmal Prügel.
Doch wie die Luft trägt unsre Flügel,
sind Worte, die uns Gutes sagen:
Von ihnen werden wir getragen.

Daß diese Leute mir jetzt huldigen,
ersetzt, daß sie sich nicht entschuldigen;
denn dazu sind sie kaum zu bringen,
nicht einmal von uns Schmetterlingen.

Und wenn es dir einmal so geht,
wie es in diesen Zeilen steht,
daß man dich abtut und belacht,
dir einen schlechten Namen macht,

dich tadelt wegen deiner Mucken
und du mußt alles runterschlucken,
so ärgere dich bitte nicht,
dein guter Kern kommt doch ans Licht.

Wenn du einmal viel Kummer hast
und meinst, das Leben sei nur Last,
dann denk' an mich, den Schmetterling,
dem es einstmals genauso ging.

Natur und Gnade

Ich werde gern als Bild bemüht,
weil man an mir verständlich sieht,
wie auch nach Not und manchem Leide
im Leben Helle folgt und Freude.

Auf mich pflegt ihr euch zu berufen,
sprecht ihr von Leid und Tod als Stufen,
die endlich doch zum Leben führen.
Wie schön, daß Menschen mich ZITIEREN!

Ich nehme das mit Freuden hin
als Teil von meinem Lebenssinn.
Doch kann man, was von mir zu sagen,
auf euch so einfach übertragen?

Denn ich, ich folge bloß der Spur
und den Gesetzen der Natur,
die mich im Wandel der Gestalten
vom Ei zum Schmetterling entfalten.

Beim Menschen geht es nicht so glatt,
weil er Entscheidungsfreiheit hat:
Ihr könnt verschiedne Wege wählen
und darum euer Ziel verfehlen.

Führt euer Weg von selbst ins Licht?
Das glaubt doch bitte lieber – nicht.
Ihr ginget mit der Welt verloren,
wär' Christus nicht für euch geboren.

So sage ich euch unbedingt,
daß ihr von selbst nicht schmetterlingt.
Aus Gnade euch von Gott geschieht,
was man an mir so fröhlich sieht.

Die Motte

Matthäus 6, 19–20

Arbeit
und Arbeitswut

Vorweg sag' ich ganz herzlich »Danke!«
als Gast in eurem Kleiderschranke.
Ja, ich bekenne es euch offen:
Ich lebe gut von euren Stoffen.

Weil ich an euren Sachen nage,
erahne ich auch eure Plage
und eure Arbeit, eure Mühe,
aus der ich meinen Nutzen ziehe.

Ich bin deshalb die allerletzte,
die einfach nur so lässig schwätzte,
daß Nichtstun, Ruhe und Idylle
des Menschen Leben erst erfülle.

Doch ist die Arbeit selbst auch gut,
so ist es nicht die Arbeitswut.
Auch wenn ihr plant und schaffen müßt –
bedenkt dabei des Lebens Frist!

Vorratshaltung

So einfach in den Tag zu leben,
ist unsereiner nur gegeben.
Für euch gehört es zu den Pflichten,
sich längerfristig einzurichten.

Ihr kommt nicht ohne Speicher aus
oder den Keller unterm Haus.
Ihr laßt mit Recht stets Vorsicht walten
und müßt euch einen Vorrat halten.

Ein Vorrat ist, wie alle wissen,
ein schönes, sanftes Ruhekissen.
Das mag man sich mit Freuden gönnen,
nur soll man dessen Grenzen kennen:

Denn alles, was zum Aufbewahren,
verzehrt sich doch im Lauf von Jahren –
und das ist durchaus mein Interesse,
weil ich ja euren Vorrat fresse.

Die geistigen Schätze

Nicht nur bei Kleidung und bei Nahrung
bemüht ihr euch um Aufbewahrung,
nein, auch im Reich von Geist und Worten
sieht man euch sammeln, stapeln, horten.

Ihr wißt es von den Büchermengen,
die sich in den Regalen drängen,
und auch vor Platten und Kassetten
weiß mancher sich nicht mehr zu retten.

Der Reichtum großer Geistesgüter
ermuntert menschliche Gemüter –
doch kommt im Leben dann ein Sturm,
wird mulmig auch dem Bücherwurm.

Die Bildungsgüter dieser Zeit
bestehen nicht in Ewigkeit,
und darum: Macht sie nicht zum Gotte!
Nehmt diesen Rat von mir, der Motte.

Das letzte Hemd

Um mich nun fachlich zu beschränken,
empfehle ich euch zu bedenken:
Beachtet wohl die Unterscheidung
des Menschen selbst von seiner Kleidung.

Daran, euch äußerlich zu pflegen,
sei euch aus Höflichkeit gelegen –
doch geht es bei den Seelenfragen
um mehr als bloß um Schlips und Kragen.

Und wäre Kleidung doch zu nennen,
so laßt es ernstlich mich bekennen,
daß mir *das* Hemd vor Augen steht,
in das man keine Taschen näht.

Am Schluß von eurem Lebenslauf
hört alle Vorratshaltung auf.
Das letzte Hemd hat keine Taschen –
heißt Leben denn, nach Wind zu haschen?

Der Schatz im Himmel

Was nehmt ihr schließlich denn noch mit
bei eurem allerletzten Schritt?
Nicht Geld und Gut, woran man hängt,
nicht was ihr habt – was ihr verschenkt!

Ich meine »schenken« in dem Sinn:
Da gibt sich einer wirklich hin
an einen Menschen, eine Sache,
wobei er sich nicht wichtig mache.

Dies, daß man sich nur selber sucht,
das ist der Sinn des Worts »verflucht«.
Dort, wo ihr euch verschenkt hingegen,
da lebt ihr unter Gottes Segen.

Das ist der wahre Schatz im Himmel,
den frißt kein Rost, verdirbt kein Schimmel,
ich nage nicht an ihm, auch Diebe
vermögen nichts: Es ist die Liebe.

Vergebung

Doch muß man, werdet ihr nun fragen,
im Hinblick darauf nicht verzagen?
Denn Liebe ist doch schrecklich schwer –
so bliebe wohl der Himmel leer?

Es hängt ja jeder eigentlich
ganz ausgesprochen stark an sich.
Und leider haben auch die Frommen
oft große Angst, zu kurz zu kommen.

Wer kann die Liebe denn vollbringen
und über seinen Schatten springen?
Wie gut, daß dies der Eine tat,
der sich für euch gegeben hat.

Und was euch hier in kleinen Stücken
an Liebe wollte irdisch glücken,
vollendet sich im Himmelsleben.
Die Schuld ist, Gott sei Dank, vergeben.

Der Löwe

Gebissensfragen

1. Mose 1,29–30

Im Paradies (habt ihr's vergessen?)
hat man einander nicht gefressen.
So geb' ich zu – mit Widerstreben –,
mich sollt' es eigentlich nicht geben.

Man lebte einst im Paradiese
von Obst und Korn, Gras und Gemüse
und konnte ohne Blutvergießen
sein Leben in der Welt genießen.

Ich muß mich leider fragen lassen,
ob Löwen wohl nach Eden passen.
Zur Not ging' es mit meiner Mähne,
doch hinderlich sind meine Zähne.

Von *Herzen* liebe ich den Frieden
und hätte gern Gewalt vermieden –
doch haben auch *Gebiß* und *Magen*
im Leben einiges zu sagen.

Mit diesen Zähnen, die so fletschen,
kann ich kein Gras und keine Zwetschen
zerbeißen, kauen und verzehren
und vegetarisch mich ernähren.

Ich frage euch, ihr Menschen, glaubt ihr,
ich wäre wirklich gern ein Raubtier?
Ich bin nun einmal so beschaffen
und völlig anders als Giraffen.

Ich kann mich doch nicht dauernd schämen,
ich muß mich, wie ich bin, auch nehmen;
es sind ja nicht Gewissensfragen –
es sind nur die Gebissensfragen.

Manchmal richtig weich

Daniel 6; Jesaja 11

Doch bin ich auch nicht immer gleich.
Ich werde manchmal richtig weich:
Als Daniel in der Grube war,
da krümmte ich ihm nicht ein Haar.

Da ließ ich mich von Gott erweichen,
und das ist doch ein schönes Zeichen,
man kann auch sagen, ein Symbol,
dafür, wie es bei Gott sein soll.

Jesaja hat es aufgeschrieben,
daß die Geschöpfe sich einst lieben,
und nach dem Tage Ultimo
genieße ich, der Löwe, Stroh.

Wie Gott ursprünglich sie gedacht,
wird einst die Schöpfung neu gemacht.
Vollendungsglanz liegt dann auf ihr,
auf euch und uns, auf Mensch und Tier.

Und was auf seinen Lebenswegen
sich bisher böse kam entgegen,
das wird, statt feindlich, *unterschiedlich*
und miteinander froh und friedlich.

Da kommt die harte Welt zur Ruh,
da spielt die Bärin mit der Kuh,
und auch dem Säugling ist nicht bange
ganz in der Nähe von der Schlange.

Den Wolf sieht man beim Lamme weilen,
was vormals stritt, nun friedlich teilen,
den Löwen, mich, als Freund der Kälber,
voll Sanftmut und doch ganz *ich selber!*

Der Affe

In einer schlichten Mittellage
schuf Gott das Tier und auch mich Affen.

Da ich nicht hoch zum Geiste rage,
kann ich Kultur und Kunst nicht schaffen.

Doch werd' ich auch nicht so zur Plage,
euch eure Bude vollzupaffen.

Das Schwein

Lukas 15,11–32

Meist denkt ihr nur an mein Gewicht,
hört heute einmal meine Sicht!
Gerade auch in Menschenfragen
hab' ich Gewichtiges zu sagen.

Ich schlichtes Tier in meinem Stall
weiß einiges von eurem »Fall«
und bin für euch sehr kompetent,
weil man als Schwein die Menschen kennt.

Am besten kennt man doch den Menschen,
trifft man ihn an an seinen Grenzen.
So habe ich euch einst getroffen,
kaum etwas war da noch zu hoffen.

Ihr wißt von jenem Menschensohn,
der war an seiner Endstation,
der war verloren und allein
und war, wie ich, ein armes Schwein.

Das Vaterhaus hat er verlassen,
das Geld war weg von lauter Prassen.
Er hat mir herzlich leidgetan
in seiner Not auf schiefer Bahn.

Auf *die* könnt ihr als Mensch geraten,
denn ihr könnt *wählen* in den Taten –
könnt Gott, den Herrn, nicht nur verehren,
ihr könnt ihm auch den Rücken kehren.

Der Schöpfer hat euch frei-gelassen.
Ihr könnt den guten Weg verpassen.
(Die Tiere, wie auch uns, die Schweine,
hat Gott dagegen an der Leine.)

Ich kenne euch. Ich weiß als Schwein,
daß es nicht leicht ist, Mensch zu sein.
Für euch gibt's Wege: Ab- und Um-,
und Holz- und Irr- und schief und krumm.

Wie gut, daß die Gewißheit bleibt,
daß Gott auf krummen Linien schreibt:
gerade, aufrecht, liebevoll,
daß jeder doch zum Ziele soll.

Dem Vater war schon angst und bange,
ob wohl der Sohn nach Haus gelange.
Als der zu Hause angekommen,
hat er ihn in den Arm genommen.

Hoffnung für eine harte Welt

Apostelgeschichte 10, 9–16; Römer 8, 18–23

Ging es für mich so ähnlich aus?
Kam ich nicht gleichsam auch nach Haus?
Es steht bei Lukas in der Schrift,
was diesbezüglich mich betrifft:

Bei den Aposteln, dort im zehnten,
gehöre ich zu den Erwähnten:
Ja, ich, das vielgeschmähte Schwein,
bin, wie die andren Tiere, rein.

Das soll mich eigentlich wohl ehren,
und doch muß ich mich hier beschweren:
Was folgt für mich aus dieser Reinheit?
Im Grunde nichts als bloß – Gemeinheit.

Zum Essen bin ich freigegeben,
und das betrifft, ihr wißt, mein Leben.
Und wenn das wirklich für mich *so* ist,
frag' ich, ob diese Botschaft – froh ist ...

Hier gilt doch nicht dasselbe Maß,
der Unterschied ist mir zu kraß:
Der Sohn wird in den Arm geschlossen –
und ich werd' auf dem Tisch genossen.

Doch Schluß jetzt mit der Ironie.
Im Blick auf uns, das liebe Vieh,
sei nunmehr gründlich noch bedacht
der Römerbrief, Kapitel acht:

Die große schöne Gotteswelt
ist durch die Sünde ganz entstellt:
Sie ist nicht so, wie sie sein sollte,
und nicht, wie Gott sie einmal wollte.

Die Welt ist jetzt davon geprägt,
daß jedem einst die Stunde schlägt.
Seit ihr euch selbst von Gott getrennt,
führt nun der Tod das Regiment.

Es wäre schön, wenn's anders wär',
doch jetzt ist unser Leben schwer,
besteht in Angst und vielen Nöten –
und ihr müßt uns zum Leben – töten.

Davon einmal erlöst zu werden,
ist unsre Hoffnung hier auf Erden,
und alle, die den Geist empfangen,
die halten Ausschau mit Verlangen.

Die Schlange

1. Mose 3

Ungerechte
Vorwürfe

Ich weiß, ihr nehmt mir etwas krumm,
ich weiß auch, was, und auch, warum.
Ihr meint, weil ich euch aufgewiegelt,
sei euch das Paradies verriegelt,

und denkt, es läg' an meiner List,
daß ihr jetzt Arges leiden müßt.
Darauf kann ich nur kräftig zischen,
mir solchen Vorwurf aufzutischen.

Die Schuld auf mich herabzuschieben,
ist einfach nicht gerecht, ihr Lieben.
Denn bin ich auch in euch gedrungen,
ich habe euch doch nicht gezwungen.

Und außerdem: Ist euch denn klar,
was wohl mein tiefster Antrieb war?
Ich lade euch nun herzlich ein:
Versetzt euch doch in mich hinein.

Große Erwartungen

Das sah man auf den ersten Blick:
Ihr wart des Gartens bestes Stück.
Von weitem hat man euch gesichtet,
ihr gingt so herrlich aufgerichtet.

Das mochte ganz besonders ich,
die ich jetzt auf der Erde – kriech ...
Doch alle haben euch bestaunt
und sich bewundernd zugeraunt:

»Von denen kann man hier im Garten
bestimmt noch einiges erwarten.
Ob *sie* am Ende alles Leben,
sich selbst und uns, zu Gott erheben?«

Ich war beauftragt von den Tieren
und wollte euch nur provozieren
dazu, daß ihr euch klar erweist
als Kreatur mit Gottes Geist.

Stolperstein

Ich wollte euch, das stimmt, erproben.
Wollt ihr mich dafür gar nicht loben?
Das wird doch jeder leicht begreifen:
An Proben kann man letztlich reifen!

Gerad an einem Stolperstein
bewährt man sich erst, Mensch zu sein.
Man muß Versuchung überwinden,
um wirklich zu sich selbst zu finden.

So etwa hatte ich gedacht –
was habt ihr bloß daraus gemacht?
Ich wünschte nicht, euch reinzulegen,
vielmehr euch geistlich anzuregen.

Und kann man nicht auch wirklich sagen:
Ich habe dazu beigetragen,
daß es bei euch den Fortschritt gibt
und ihr nicht ewig »Kinder« bliebt?

Fragezeichen

Mit einem kann ich wirklich prahlen:
Ich kann ein Fragezeichen malen
mit meinem schlanken Körperbau –
und zwar so ziemlich haargenau.

Das Fragen liegt in meiner Art,
so bleibt es euch hier nicht erspart.
Ich frage: Brachte ich, die Schlange,
nicht die Geschichte erst in Gange?

Ja, ist nicht Not und manches Schwere
sogar ein Teil von eurer Ehre?
Und kann es wirklich *Menschen*leben
als solches ohne Sterben geben?

Nach diesen vielen Fragezeichen
ist's für mich Zeit davonzuschleichen.
Sonst sagt ihr noch: »Ach, diese Schlange
spricht uns allmählich viel zu lange.«

Der Wurm

Stille Wühlarbeit

Ich mach' mich lang, ich mach' mich krumm
und grabe euch den Garten um.
Ich mach' mich krumm, ich mach' mich lang,
wo bleibt für mich der Lobgesang?

Ich wühle mich durch tiefen Dreck
und diene dabei höherm Zweck,
denn nur dank meiner Wühlarbeit
freut ihr euch dann zur Erntezeit.

Was ich im Schmutze für euch leiste,
führt hin zur Seele und zum Geiste.
Vor allem Lernen, allem Lehren,
muß sich ein kluger Kopf ernähren.

Bin ich auch wurmtief unterlegen,
so bin ich doch für euch zum Segen:
Würd' ich mein Werk nicht still verrichten,
ihr könntet gar nichts – auch nicht dichten.

Das Hohe in dem Weltenlauf
baut sich von uns, von unten auf:
vom »Unterbau«, will ich mal sagen,
so nennt man's seit Karl Marxens Tagen.

(Erklärt jedoch den Geist nicht weg
und meint, er wäre »letztlich« Dreck.
Denn erstens schuf Gott auch die Erde
mit seinem Geistes-Wort »Es werde« –

und zweitens kommt der Mensch doch auch
von oben her, aus Gottes Hauch.
»Entwickelt« sich – und sei's ein Schlingel –
der Mensch aus meinem Wurm-Gekringel?)

Ich mach' mich lang, ich mach' mich krumm
und grabe euch den Garten um.
Ich mach' mich krumm, ich mach' mich lang,
wo bleibt für mich der Lobgesang?

Großer Auftritt

Jona 4

So tue ich normalerweise
verborgen, heimlich, still und leise
die Arbeit für den Weltenlauf
und falle gar nicht weiter auf.

Doch bin ich wohl im Fall der Fälle
sofort und dienstbereit zur Stelle,
wenn ich von Gott gerufen werde
zur Weltgeschichte auf der Erde.

Ich fühle mich noch jetzt geehrt,
daß Gott durch mich euch was gelehrt,
und diese meine große Stunde
war einst in aller Frommen Munde:

Ist euch von Jona das bekannt?
Auf Ninive sah er gespannt,
daß Gottes Strafe sie empfinge –
gerechterweise unterginge!

Da Gott jedoch die Stadt verschont,
zürnt Jona: »Sünde wird belohnt!
Hier geht doch die Barmherzigkeit
des Gottes Israels zu weit.«

Und da hat Gott mich angesprochen:
»Nun komm, du lieber Wurm, gekrochen.
Mein Jona wünscht den Untergang.
Nun mach' dich krumm und mach' dich lang!

Du mußt den Jona schnell erreichen,
durch dich will ich sein Herz erweichen.
Die Staude nimm du dir zum Ziele,
da Jona sitzt in Schattenkühle.

Nichts anderes sollst du verrichten,
als diese Staude zu vernichten.
Und wenn ihn dann die Hitze quält,
merkt er, wie ihm die Staude fehlt.

Er wird ums Pflänzchen Trauer spüren –
und dahin müssen wir ihn führen,
damit er besser auch versteh'
mein Mitgefühl mit Ninive.

Der langen Rede kurzer Sinn:
Zur Staude krieche nunmehr hin.
So mach' dich lang und mach' dich krumm,
und stimme mir den Jona um.«

Das ließ ich mir nicht zweimal sagen
und tat, was Gott mir aufgetragen
und war mir damals bereits sicher:
Ich komme in die Lesebücher.

Zurück in die Alltäglichkeit

Ich mach' mich krumm, ich mach' mich lang,
es geht nun alles seinen Gang
auch ohne mich, das Würmlein, wieder:
Mein großer Auftritt ist vorüber.

Damit hab' ich mich abgefunden –
man hat nicht viele große Stunden.
Die meine ist nunmehr gewesen,
im Jona-Buch ist sie zu lesen.

Ich lasse jetzt das Weltgeschehn
im Erdreich über mich ergehn.
Ich mach' mich lang, ich mach' mich krumm
und kümmre mich nicht weiter drum.

Postscriptum für die zoologisch Genauen

Ihr fragt mit aufgewecktem Sinn,
wer ich, der ich hier spreche, bin,
und wendet, scheint's mit Recht, auch ein:
Es kann doch nicht derselbe sein,

der Stauden bissig so behandelt
und pflügend durch das Erdreich wandelt.
Ich muß den Einwand richtig finden
und mich ein kleines bißchen winden.

Nun ja, es gibt so viele Arten,
die gut bekannten, die aparten:
die Rund-, die Platt-, und auch die Ringel-,
ein ganz erstaunliches Gekringel.

Wir können, geht es hier um Zahlen,
mit achtzehntausend Arten prahlen.
Bei derart vielen Würmertieren
kann man den Überblick verlieren.

Selbst ich auf meinen Wurmeswegen
kenn' längst nicht alle Wurmkollegen.
So mancher kam vorbeigekrochen,
den hab' ich gar nicht angesprochen,

weil ich nicht auf den Namen kam –
ihr kennt die Pein, ihr kennt die Scham –
und wenn es im Gedächtnis klingelt,
ist er schon längst davongeringelt.

Doch ich, der giftig und auch fleißig,
ich ganz bestimmter Wurm, wie heiß ich?
Als kluge Antwort hier ein Kniff:
Ich bin der Allgemeinbegriff.

Doch klüger ist's, ich mach mich krumm
und stelle mich ganz einfach dumm.
Das kann ich ja, ich armer Tropf,
ich habe schließlich keinen Kopf.

Die Spinne

Seit je sind meine Feingespinste
ein Beispiel für die Tiereskünste,
und meine zarte, feste Schnur
zählt zu den Wundern der Natur.

An meinen filigranen Netzen
kann man sich freuen und ergötzen,
mit einem Tropfen Tau zumal,
der glänzt im frühen Sonnenstrahl.

Bei dieser Art von Kunstbetrachtung
verspüre ich wohl eure *Achtung* –
unmöglich scheint's jedoch uns Spinnen,
der Menschen *Liebe* zu gewinnen.

So mancher schrie schon wie am Spieß,
als er auf mich, die Spinne, stieß –
dabei hab' ich noch nie gebissen,
das könntet ihr allmählich wissen.

Und meint ihr wohl, vor euren Flausen
bekäme man nicht auch das Grausen?
Ihr fangt mit List und mit Intrigen
doch nicht nur Mücken oder Fliegen!

Auch ihr benutzt das technisch Feine
oft fürs moralisch sehr Gemeine,
und statt auf mich herabzusehn,
solltet ihr erstmal in euch gehn.

In meinem Auge seht ihr »Splitter«
und macht dann gleich lautstark Gewitter.
Doch euren »Balken« seht ihr nicht,
und der ist schwerer von Gewicht.

Auch bin ich in gewissem Sinne
letztendlich eine kleine Spinne.
Bei euch gehört, laßt euch erinnern,
so mancher zu den großen Spinnern.

Postscriptum

Wer mich einmal in einer Wanne
belegt mit einem schnellen Banne
und, ohne daß er mitgefühlt,
schnell mit der Dusche weggespült,

den frag' ich, ob vor höhrem Auge
er selbst denn wirklich so viel tauge,
daß er den Bannstrahl nicht verdiene,
mit dem er mich bestraft, mich Spinne.

Kommt er hingegen zart zu mir
mit einem Tüchlein von Papier,
daß er mich aus der Not befreit,
dann ist das wohl Barmherzigkeit,

wie Gott sie ihm ja auch geschenkt,
der über Menschen gütig denkt,
der freundlich auf euch niedersieht
und euch auch aus der Tiefe zieht.

Der Fisch, das Schaf und die Taube

Gemeinsam

Wir sind als Fische, Schafe, Tauben
Symbolgestalten für den Glauben.
Und jeder stellt zu seinem Teil
euch etwas dar vom ganzen Heil.

Der Fisch

Ich bin im *Wasser* froh und munter,
als Fisch geht man darin nicht unter.
Die Taufe sagt es dir als Christ,
daß Wasser für dich Leben ist.

Doch da ich einmal hergeschwommen,
will ich noch auf was andres kommen.
Ich muß mich hier bei euch beschweren:
Was macht ihr bloß mit meinen Meeren!

Verzeiht, daß ich den Tonfall wechsle
und nicht mehr feine Sätze drechsle:
Ich werde als Symbol gepflegt –
und dabei ständig reingelegt.

Ihr überschüttet mich mit Ehre,
doch nur als Bild; in meine Meere
hingegen schüttet ihr den Müll,
den ich hier gar nicht haben will.

Und wenn ich auch nicht ohne Sinn
für religiöse Bilder bin,
so frage ich doch ganz frivol:
Was nützt die Würde als Symbol?

Das Schaf

Ich bin das Schaf, das Tier vom *Land.*
Ihr wißt, daß mich der Hirte fand?
Ich war vom Wege abgekommen,
er hat sich meiner angenommen.

Verzeiht, daß ich es mir erlaube,
ausführlicher als Fisch und Taube
die Tiergedanken vorzutragen –
doch geht es hier um schwere Fragen.

Ich weiß, ihr hört das nicht mehr gern,
das mit dem Hirten und dem Herrn.
Ihr liebt in der modernen Zeit
nur eure eigne Herr-lichkeit.

Ihr seid da sogar sehr empfindlich
und findet Schafs-Gefühle kindlich
und typisch für die schwachen, schlappen
und immer flauen Jammerlappen.

Die handfest nichts zuwege bringen,
erinnern sich ans Beten, Singen.
Ihr sprecht sehr oft von Religion
in diesem abfälligen Ton.

Ach, was ist stark und was ist schwach?
Der Unterschied scheint mir zu flach.
Denn auch in eurer Menschenstärke
ist letzten Endes Gott am Werke.

Bei allem Stolz auf eigne Kraft,
auf das, was ihr mit Mühe schafft –
ihr könntet nicht die Lider heben,
hätt' Gott euch nicht die Kraft gegeben.

Ihr wißt doch noch, was Goliath
einst von sich selbst gehalten hat:
»Was bin ich für ein starker Mann,
dem niemand an den Kragen kann!«

Doch David, dieses schwache Schaf*,
der nahm den Stein und traf.
Da ist es plötzlich umgedreht:
Der Starke liegt, der Schwache steht.

* Der Psalm 23 ist ein Psalm Davids.

Die Taube

Ich bin in *luftigen* Bereichen
seit je für Gottes Geist das Zeichen.
Doch nicht allein im Christentum
genieße ich Bedeutungsruhm.

Ich bin als Taube zugleich Star
(im Glauben und auch säkular).
Im Unterschied zu Specht und Dohlen
gehör' ich zu den Star-Symbolen

und bin bei vielen großen Dingen,
wie Frieden in die Welt zu bringen
und was es sonst an Gutem sei,
symbolisch immer mit dabei.

Ich sage euch, ihr lieben Leute,
gäb's das, was ich im Bild bedeute,
auch wirklich auf der großen Welt,
es wäre gut um sie bestellt.

Für Frieden wurde ich zum Zeichen.
Kann guter Wille ihn erreichen?
Ich meine, daß erst Gottes Geist
den Haß aus euren Herzen reißt.

Gemeinsam

Wir sind zu Wasser, Luft und Lande
die altbewährte Dreierbande.
An uns seht ihr in einem Bild,
daß Gottes Heil die Welt erfüllt.

Wie kommen wir zu dieser Ehre,
Symbol zu sein, ein Bild der Lehre?
Ob doch in uns noch etwas steckt,
was erst der Jüngste Tag erweckt?

II. HAUPTTEIL

*Eine Kommen*TIER*ung der Zehn Gebote*

das ist:
eine Stellungnahme der Tiere
zu den Zehn Geboten,
von ihnen selbst durchdacht
und erarbeitet
und zu Papier gebracht

Kurze Vorrede

Du sollst …

Was heißt hier »sollen«, was heißt »wollen«?
Wir haben unsre festen Rollen,
und selbst der größte Tieresflegel
lebt stets nach seiner Gattungsregel.

Ihr Menschenkinder geht hingegen
auf guten oder bösen Wegen.
Ihr müßt verantwortlich entscheiden,
das Gute tun, das Böse meiden.

Und immerzu seid ihr gefährdet,
daß ihr euch irrt und schuldig werdet.
Anbei: Auch unsereiner leidet,
wenn ihr zum Bösen hin entscheidet.

Denn wie man sich bei euch verhält,
betrifft auch uns, die Tiereswelt:
Die ganze Schöpfung wird gestört,
wenn ihr auf Gottes Wort nicht hört.

Nun nehmen wir euch an die Pfote
auf unserm Weg durch die Gebote.
Seid sicher, bei den Kommentaren
auch über euch was zu erfahren.

Wir bitten jetzt um euer Ohr
sowohl für Ernst als auch Humor.
Wie wir sie trennen und verbinden,
wißt ihr bestimmt herauszufinden.

Das 1. GEBOT

Ich bin der Herr, dein Gott …

Wir meinen fast, ihr wißt es schon:
Wir sind nicht gut in Religion.
Doch wer uns deshalb gottlos nennt,
zeigt, daß er uns nur wenig kennt.

Wie wir zu unsrem Schöpfer stehn,
sollt ihr an einem Bilde sehn.
(Das Schwere wird oft klar und leicht,
wenn man's in einem Bild vergleicht.)

Fragt ihr ein Kind im Mutterleibe,
was es so tue, was es treibe
und wer denn seine Mutter sei,
so antwortet es ohne Scheu:

»Ich kenne meine Mutter nicht,
ich sah sie nie bei Tageslicht.
Ich weiß nicht, was die Frage soll –
doch wo ich bin, da ist mir wohl!«

Verborgen noch in Mutters Schoß,
ist Baby gänzlich ahnungslos.
Es hat die Augen ja noch zu,
weiß nichts von Welt und Ich und Du.

Erst wenn die Mutter und das Kind
einander *gegenüber* sind,
dann kann das Kind die Mutter kennen.
Dazu muß die Geburt sie trennen.

Das Kind muß erst den Leib verlassen,
dann kann's den Unterschied erfassen,
weiß es von einem Hier und Dort
und bald vom Hin und Her im Wort.

Wir hoffen, daß ihr nun versteht,
wie's uns im Blick auf Gott ergeht.
Weil wir noch gleichsam *in* ihm sind,
sind wir für *ihn als solchen* blind.

Ist man als Tier auch flink und wendig,
so ist man doch nie eigenständig
und steht Gott nicht frei *gegenüber*.
(Vielleicht ist uns das sogar lieber,

weil uns durch unseren Instinkt
das Leben *garantiert* gelingt.
Bei euch kann's auch danebengehn –
das kommt vom Gegenüberstehn.)

Euch Menschen, die ihr selber denkt,
hat Gott Distanz zu sich geschenkt,
die zum Erkennen nötig ist
(wie ihr vom Baby-Beispiel wißt).

Das 2. GEBOT

Du sollst den Namen des Herrn, deines Gottes …

Du und ich – nur namentlich

Ihr habt, als Herren und als Damen
und schon als Kinder, einen Namen.
Und wer denselben nicht vergißt,
der weiß doch halbwegs, wer er ist.

Man sei zu Haus, man sei verreist,
bei euch weiß jeder, wie er heißt.
Das hilft natürlich ungemein,
ein Individuum zu sein.

Wir können, um uns vorzustellen,
miauen, grunzen, krähen, bellen.
Jedoch ist sicher auf die Dauer
ein Name schöner und genauer.

Wenn wir, die Tiere, Namen hätten,
seid nur gewiß – wir können wetten! –,
dann stünden wir ganz anders da
und kämen uns auch anders nah.

In der Beziehung »Du und Ich«
geht es ausschließlich namentlich.
Und da sind wir, ihr mögt verzeihen,
zwar recht bemüht, doch letztlich Laien.

Und ihr seid darin Spezialisten
(besonders hoffentlich als Christen!).
Zu personalem Stand und Wesen
seid ihr ganz namentlich erlesen.

Vertretungsdienst

Wie hoch seid ihr doch eingestuft,
daß Gott euch selbst beim Namen ruft!
Und nicht nur dies, auch umgekehrt
liegt ihm daran, daß ihr ihn ehrt.

Ihr seid jedoch als Menschen frei,
das heißt: Ihr könnt stets zweierlei.
Und also, Menschenbrüder, -schwestern:
Wer ehren kann, der kann auch lästern.

Wir Tiere können beides nicht,
uns fehlt dafür des Geistes Licht.
Und heißt es, daß »ein Tier Gott preise«,
so tut's das unbewußterweise.

Da ist für uns wohl nichts zu machen:
In allen großen Glaubenssachen –
wie Kirchgang, Sakrament und Segen –
seid ihr uns turm-hoch überlegen.

Doch sind das wichtige Gebiete.
Wir äußern deshalb hier die Bitte:
Ihr wißt, wir halten da nicht Schritt,
tut ihr es, bitte, für uns mit!

Im Bibellesen und im Beten,
könnt ihr uns dabei nicht vertreten?
Desgleichen im Chorälesingen,
das will uns nämlich nicht gelingen.

Ihr seid der Schöpfung Mund und Ohr
und stellvertretend auch ihr Chor.
Nehmt diesen Auftrag nur entgegen!
So werdet ihr für uns zum Segen!

*Eine Ab*SCHWEIF*ung zu den »Namen«*

1. Mose 2, 18–20

Um etwas gründlich zu begreifen,
nützt es auch manchmal, abzuSCHWEIFen.
Wir Schweifbesitzer können das
(und tun es hoffentlich mit Maß).

Da ist einmal – sehr lange her –
wir wissen es schon fast nicht mehr –
da ist mit Namen was gewesen …
Man müßt' es in der Bibel lesen!

Wo ist das denn nun aufzuschlagen?
Wer kann uns das bloß einmal sagen?
Ach, ist das nicht ganz vornean,
wo alles anfing und begann?

Ihr solltet uns die Namen geben
im frühen Paradiesesleben.
Und habt es dann ja auch getan …
So fing's mit uns und euch doch an:

Mit Jagen nicht und nicht mit Flüchten,
mit Schlachten nicht und nicht mit Züchten
hat das Verhältnis einst begonnen –
ihr habt die Namen uns ersonnen.

Wir möchten hiermit einmal wagen,
euch Ungewöhnliches zu fragen
(hat sich doch oft, was ungewohnt,
ganz überraschend noch gelohnt):

Habt ihr uns damals *recht* erkannt?
Und unserm Wesen nach benannt?
Und was bedeutet es im Leben,
daß Menschen andern Namen geben?

Wir glauben: Namen bauen Brücken.
Nur so kann die Beziehung glücken.
Bei Ich und Du und Du und Ich
geht es ausschließlich namentlich.

So sollen Namen denn verbinden,
wie wenigstens wir Tiere finden.
Doch davon war ja leider nur
bei euch und uns nicht eine Spur.

Nachdem ihr uns die Namen gabt,
sind wir nur still davongetrabt
und führten weiterhin nur neben
euch Menschen unser eignes Leben.

Wir haben irgendwie gerochen:
Wir sind nicht richtig angesprochen.
So hat es also angefangen,
da ist wohl etwas schiefgegangen.

Dann dauerte es nicht mehr lange,
da kam die Sache mit der Schlange.
Dem Mensch-und-Tier-Zusammenleben
hat das gewiß den Rest gegeben.

Wir sehnen uns nach Harmonie,
gekommen ist sie leider nie.
Im Ursprung schon, im Paradiese,
begann sie, die Beziehungskrise.

Das 3. GEBOT

Du sollst den Feiertag heiligen

Eine kleine Abschweifung
zum Thema der »Unterscheidungskunst«

Ihr seid wahrhaftig zu beneiden
um eure Kunst im Unterscheiden.
In dieser Hinsicht – Kompliment! –
könnt ihr, was man bei uns nicht kennt.

Wie fein sind eure sehr aparten
und raffinierten Speisekarten!
Ihr müßt euch nicht aufs Essen stürzen,
könnt mit Cayenne und Liebe würzen

und wißt so viele tausend Weisen
der Zubereitung feiner Speisen.
Das kriegen wir so niemals hin,
uns fehlt der Unterscheidungssinn.

Wir sind viel weniger subtil
und haben vorrangig das Ziel
(wir dürfen es doch ehrlich sagen?),
uns unsern Magen vollzuschlagen.

Bei uns ist Essen (fast) nur »Muß«,
bei euch (auch) Freude und Genuß.
(Ahnt man am Beispiel des Geschmacks
nicht was vom Sinn des Feiertags?)

Nun noch ein Blick auf eure Kleidung,
auch hier: Welch Sinn für Unterscheidung!
Welch eine Vielfalt von Gewändern,
verschieden je nach Zeit und Ländern!

Wir haben keine Modeschneider
und deshalb laufen wir auch (leider?)
noch in den gleichen Fellen rum
wie einst schon im Diluvium.

Im Unterscheiden seid ihr groß,
da habt ihr wirklich etwas los.
Bewahrt euch diese Gottesgabe
als Teil von eurer Erdenhabe!

Der Unterschied von Alltag und Feiertag

Die Uhr geht stets im gleichen Schritt,
doch *in* der Zeit ist mancher Schnitt:
So hat uns Gott der Herr gemacht
den Unterschied von Tag und Nacht.

Den kennen auch die Tiere, wir,
doch einen andern kennt nur ihr:
die Tage, wo ihr Arbeit tut –
den Tag, an dem die Arbeit ruht.

Es will ja euer Herr und Gott
nicht immer nur den gleichen Trott:
Ihr sollt euch aus dem Arbeitsleben
am Feiertag zu Gott erheben.

Der Sonntag ist für euch die Stelle
im Fluß der Zeit, wo ihr zur Quelle
des Zeitenflusses dankbar tretet:
Ihr hört auf Gottes Wort und betet.

Auch für den Körper ist es wichtig,
daß ihr ihn ausspannt, einmal richtig.
In frischer Luft, bei Spaß und Spiel
gewinnt ihr für die Seele viel.

Für uns ist leider jeder Tag
ganz einerlei, vom gleichen Schlag.
Ihr kennt ja schon das alte Lied:
Wir wissen nichts vom Unterschied!

Da nützt kein Bildungseifer

Bei uns, in Wald und Feld und Flur,
da guckt man niemals auf die Uhr
und auch nicht aufs Kalenderblatt,
weil man das gar nicht nötig hat.

So wissen wir denn mit der Zeit
in keiner Hinsicht recht Bescheid.
Wir kennen kaum das Gestern, Morgen
und das Erinnern und das Sorgen.

Und uns das jetzt noch beizubringen,
wird keinem Lehrer je gelingen.
Selbst wenn wir noch so bildungseifern,
wir werden nicht zu Zeitbegreifern.

Das nimmt uns freilich manche Last:
Bei uns geht es fast ohne Hast.
Wir wissen nichts von falscher Eile
und haben niemals Langeweile.

Auch wissen wir – wie ihr als Kind –
(zum Glück) nicht, daß wir sterblich sind.
Könnt ihr mit diesem dunklen Wissen
das Leben unbeschwert genießen?

Sondervotum der Nutztiere (Rind und Esel)

2. Mose 23,12

In eurem Alten Testament,
das ihr doch, wie wir hoffen, kennt,
da lesen wir, die Sabbatruh
steh' ebenfalls uns Tieren zu.

Schaut nach im Buche Exodus
und kommt mit uns zu diesem Schluß:
daß Gott der Herr uns alle liebt,
auf euch und uns stets Obacht gibt.

Sind wir, der Esel und das Rind,
denn also gleichfalls Gottes Kind?
Das nicht! Warum so große Töne?
Wißt: Gottes Töchter, Gottes Söhne

sind die, die seinen heilgen Willen
vernehmen können und erfüllen.
Bei aller Liebe zur Natur –
das liegt uns leider nicht die Spur.

Wir hören freilich dennoch gern,
daß Gott der Herr auch uns nicht fern
und auch daß Mensch und Tier zusammen
aus *einer* Schöpferhand nur stammen.

Das 4. GEBOT

Du sollst deinen Vater und deine Mutter ehren …

Es weiß ein Mädchen (auch ein Knabe)
zumeist, wen es als Mutter habe.
Ganz gleich, ob man einander mag –
man sieht sich schließlich Tag für Tag.

Und früher oder (manchmal) später
erfahrt ihr auch, wer eure Väter.
Das ist normalerweise üblich,
wenn nicht, so ist es sehr betrüblich.

Doch anders geht's dem Tiereskind:
Wer Vater ihm und Mutter sind,
erfährt es manchmal wirklich nie,
wenn doch – wie oft vergißt es sie!

Indes ist das im Tieresreich
sehr unterschiedlich und nicht gleich.
Laßt uns daher nun einzeln sehn,
wie Kinder zu den Eltern stehn.

Die
Vogelkinder

Wir haben es als Vogelbrut
bei unsern Eltern wirklich gut.
Sie sind uns nicht nur schnelle Brüter –
sie sind auch später gute Hüter.

Wir müssen wirklich nichts vermissen –
sind unsre Schnäbel aufgerissen,
dann kommen Vater und die Mutter
mit allerschönstem Lebendfutter

und stecken es in unsern Rachen –
ob das auch Menscheneltern machen?
Wir denken voller Dankbarkeit
an unsre schöne Kinderzeit.

Doch führt, nachdem wir einmal flügge,
gar nichts zurück zu diesem Glücke.
Kaum haben sie uns großgezogen,
sind wir auch schon davongeflogen.

Wir bilden dann mit ihnen Schwärme
und fliegen südlich in die Wärme.
Wir singen wohl gemeinsam Lieder,
erkennen uns jedoch nicht wieder.

Das Spinnenkind

Ich kann es Mama nicht vergessen,
daß sie den Papa aufgefressen;
drum habe ich mit ihr gebrochen,
kaum daß ich aus dem Ei gekrochen.

Wo Mütter Väter glatt verzehren,
kann man doch keine Eltern ehren!
Für diese Art sich zu benehmen,
muß man sich selbst als Kind noch schämen!

Doch ob bei mir, die ich hier schreibe,
dann später einst, als Spinnenweibe,
mein Mann es einmal besser hat,
das steht auf einem andern Blatt.

Ist etwas bei uns eingerissen,
dann ist es so, daß wir es *müssen*.
Wir Tiere können uns nicht ändern,
nicht hier und nicht in andern Ländern.

Die Fischkinder

Wir sollen unsre Eltern ehren?
Wie macht man das in weiten Meeren?
Und haben sie sich so geführt,
daß ihnen Ehre auch gebührt?

Nach maßlos großer Eiablage
befürchteten sie wohl die Plage,
daß allzu viele Kinder kommen,
und sind deshalb davongeschwommen.

Sie ziehen nun in Ozeanen
ganz unbekümmert ihre Bahnen,
wie auch in Seen und in Flüssen.
Schlägt ihnen denn nicht das Gewissen?

Und da in diesen Wassermassen
sie sich bei uns nie sehen lassen,
so können wir beim besten Willen
auch dies Gebot niemals erfüllen.

Antwort der Fischeltern

Beliebt ist derzeit die Kritik,
nun auch im Meere und im Schlick.
Gerade aus dem Ei geschlüpft,
wird heutzutage aufgemüpft.

Ach, werdet doch erst einmal trocken!
Und dann erst werft mit solchen Brocken
von Vorwürfen durch die Gewässer.
Vor allem: Macht es erstmal besser!

Und außerdem: Ihr sprecht pauschal!
Gewiß gilt es für Barsch und Aal
und, offen sei es zugegeben,
für viele, die im Wasser leben:

daß sie sich aus dem Staube machen
(so sagt man es in Landes-Sprachen),
und statt auf Eier aufzupassen,
sich selber einfach treiben lassen.

Doch soll man auch in weiten Meeren
nicht über einen Kamm nur scheren.
Denn mancher kleiner Kinder-Fisch
steckt's Flößchen untern Eltern-Tisch.

Auf keinen Fall jedoch, ihr Kleinen,
besteht für euch ein Grund zum Weinen.
Selbst wenn wir Eltern uns nicht kümmern,
ihr wurdet doch auch so zu Schwimmern.

Die Kinder der Säugetiere

Bei uns lebt jeder Tieresknilch
am Anfang von der Muttermilch.
Das schafft natürlich Urvertrauen,
es ließe sich drauf weiterbauen.

Und mancher kriegt – ganz ungelogen –
gar dies und jenes beigebogen:
Zum Beispiel lernt der Löwe Jagen
durch Training in den Jugendtagen.

Wird man im Alter etwas reifer,
wird das Verhalten aber steifer.
So bleibt das Eltern-Kind-Gefühl
nicht herzlich, ach nein, es wird kühl.

Ja, unsre Eltern, unsre lieben,
versuchen uns nun abzuschieben.
Was heißt hier noch verwandt? Ein Tier
braucht schließlich jedes sein Revier.

Als ob sie uns nun nicht mehr kennten,
sehn sie uns jetzt als Konkurrenten.
Meint ihr, wir reden hier nur Jux?
Dann fragt doch bitte nur den Fuchs.

Der langen Rede kurzer Sinn:
Die Elternliebe ist dahin.
Das heißt zugleich nicht mehr, nicht minder:
Sie kriegen keine Enkelkinder.

Bei uns, den Kindern, umgekehrt
hat man von Opas nie gehört.
Die ganze edle Stammbaum-Kunst
ist für uns nichts als leerer Dunst.

Gemeinsames Votum der Tiere:
»Keine Zeit«
für die Verwandten

Ihr Menschen, Brüder und auch Schwestern,
bedenkt das Morgen und das Gestern.
Wir Tiere denken an die Beute,
und die, die macht man schließlich – heute.

Was man bei uns vor allem schätzt,
das ist das Hier und ist das Jetzt:
von Augenblick zu Augenblick,
recht unverbunden, Stück für Stück.

Auf Zeit und Stunden, die verrinnen,
kann man sich bei uns nicht besinnen.
Darunter leidet, trotz Bemühung,
auch unsre Eltern-Kind-Beziehung.

Selbst wenn man sich einmal gefunden,
fühlt man sich nur sehr schwach verbunden.
Doch haben – könnt ihr es bestreiten? –
auch unsre Eltern gute Seiten:

Denn da sie in Erziehungssachen
sich keine große Mühe machen,
so können sie auch nichts verderben,
was sie uns von Natur vererben.

Das 5. GEBOT

Du sollst nicht töten

Wie grausam ist der Weltenlauf!
Man frißt die andern Wesen auf
zur Sättigung, beziehungsweise
man wird für andre selbst zur Speise.

Zwar findet sich bei Mensch und Tieren
ein Unterschied in den Manieren –
doch auf das Fleisch ganz zu verzichten
gelingt dem Geist-Geschöpf mitnichten.

Ihr nehmt das Messer und die Gabel,
wir nehmen Mäulchen oder Schnabel,
doch bitten wir: Laßt uns in Ruhe
mit kulturellem Feingetue –

ihr könnt uns damit doch nicht blenden!
Stets muß ein fremdes Leben enden,
will man das seine nicht verlieren.
Das gilt von Menschen wie von Tieren.

Bei euch nun freilich gibt es Sitten,
die wir uns ganz und gar verbitten.
Ihr tötet sogar Artgenossen,
bei uns ist solches ausgeschlossen.

Wir töten niemals in der Horde;
das wären wirklich reine Morde.
Bei uns ist man es so gewohnt,
daß man die Artgenossen schont.

Ganz selten nur, in Sonderfällen,
sind Morde bei uns festzustellen.
(Herr Lorenz hat das nachgewiesen
und unsre Friedlichkeit gepriesen.)

Wir Tiere töten nicht aus Haß,
auch nicht aus Rache, ohne Maß,
aus Habgier nicht und nicht im Streit –
wir töten aus Notwendigkeit.

Bedenkt man derart unsre Gründe,
ist Töten bei uns keine »Sünde«.
Wir folgen auferlegten Zwängen,
und »Schuld« ist uns nicht anzuhängen.

Das 6. GEBOT

Du sollst nicht ehebrechen

*Reflek*TIERT*es*
über die Liebe

Man sieht es auf den ersten Blick:
Hier geht es um das Lebensglück.
Denn einzig im geliebten Du
erlangt die Seele ihre Ruh.

Jedoch: Wenn man nach Liebe schmachtet,
wird die Erwartung überfrachtet.
Wir fragen euch, ob ihr zuviel
erhofft vom lieblichen Gefühl.

Gestattet uns den Seitenhieb:
Bei euch wird um den Liebestrieb
wie um ein Götzenbild getanzt,
bei uns wird damit fortgepflanzt!

Weitab von aller Sex-Verklärung
dient uns die Liebe zur Vermehrung.
Insofern sind wir äußerst nüchtern –
beseligt nie, und auch nie schüchtern.

So kann uns unser Liebesleben
auch nicht in Geisteswelten heben:
Ihr wißt, uns fehlt der Minnesang
und mancher innerliche Klang.

Wir sehen alles ganz natürlich,
nicht lüstern und nicht liebesschwürlich.
Wir sagen es euch ungeschminkt:
Vermutlich ist das typbedingt.

Zum Schluß hier noch ein tiefes Wort,
so gleichsam als Gedankensport:
Wir wissen nicht, daß wir vergänglich –
und lieben nicht so überschwenglich.

*Poin*TIERT*es*
über das Schamgefühl

Ihr könnt uns noch so gründlich zähmen,
ihr schafft es nicht, daß wir uns schämen.
Das ist's, was uns auch unterscheidet:
Wir sind und bleiben unbekleidet.

Wenn ihr als Mensch die Scham verliert,
dann seid ihr leider perverTIERT.
Denn ist die Scham von euch gewichen,
sind wir einander angeglichen.

Wenn wir uns also auch nicht schämen,
laßt ihr euch eure Scham nicht nehmen!
Wo zwei das gleiche tun, man sieht,
ist trotzdem oft ein Unterschied.

*Irri*TIERT*es*
über den Wandel der Sitten

Wie ändert ihr in raschen Schritten
die Bräuche und die Liebessitten!
Die Normen über keusch und züchtig
sind unstet und auch (leider) flüchtig.

Einst kam doch vor dem Liebesrausch
der feierliche Ringetausch.
Doch heute wird sehr oft gefunden:
Es lebt sich besser ungebunden.

Verliebte Jungs und ihre Flammen
ziehn jetzt ganz einfach »so« zusammen,
denn wichtiger als eine Ehe
sei es, daß man sich gut verstehe.

Wir finden das sehr subjektiv
und hoffen nur, es geh' nicht schief.
Denn kurz ist mancher Überschwang,
vom Leben hofft man, es sei lang.

Doch haben wir hier leichtes Reden,
wir hängen fest an Gottes Fäden.
Die Art und Weise, wie wir lieben,
ist uns vom Schöpfer vorgeschrieben.

Darum sind anders als bei euch
bei uns die Sitten immer gleich.
Wir haben schließlich keine Wahl –
wozu dann brauchen wir Moral?

Sondervotum der Gänsefrau

(im Namen aller Tiere,
denen die lebenslange Treue am Herzen liegt)

Ihr Menschen wollt auch alles wissen,
sogar, wie sich die Tiere küssen.
Für jedes Spezialgebiet
wird eine Wissenschaft bemüht.

Bei euren Studien vom Tier
war Konrad Lorenz Pionier.
So wurde unser Liebesleben
ein Gegenstand fürs Forschungsstreben.

Ihr solltet euch ein bißchen schämen
und uns als euer Vorbild nehmen:
Der Forscher selbst hat festgestellt,
wie gut bei uns die Ehe hält.

Wir ziehen nämlich lebenslang
in Zweisamkeit an einem Strang.
Weil wir auf Treue fest bestehen,
laß ich mir nie den Kopf verdrehen.

Ich bin in meinem ganzen Leben
nur *einem* Gänserich ergeben.
Das sag' mit Ernst und Vehemenz ich:
Als Gans, da liebt man schließlich gäns-lich.

Postscriptum

Oh, ihr und euer Wissensdurst!
(Dem Glücklichen ist vieles Wurst!)
Zur Wissenschaft wird aufgebläht,
wonach bei uns kein Hähnchen kräht.

Wir schnüffeln euch doch auch nicht nach
bis in das Menschenschlafgemach.
(Da treibt ihr es in Liebeslaunen
inmitten unsrer weichen Daunen!)

Doch sagen wir nun jedenfalls
und recken dabei stolz den Hals,
daß wir nichts zu verbergen haben –
mögt ihr auch noch so lange graben.

Wir können OrienTIERung geben:
Seid treu in eurem Eheleben!
So hat für euch dann immerhin
auch Gänseforschung einen Sinn.

Das 7. GEBOT

Du sollst nicht stehlen

Das Mein und Dein zu unterscheiden,
verstehen Christen und auch Heiden;
und heißt es, daß man es nicht könne,
meint man's im übertragnen Sinne.

Doch wir, wir können's wirklich nicht,
der Grund dafür ist klar und schlicht:
Es fehlt der Unterschied, hört zu,
vor allem schon von »Ich« und »Du«.

Denn wo kein »Ich« ist, ist kein »Mein«,
und wo kein »Du« ist, ist kein »Dein«.
Wir können gar nicht richtig stehlen,
ach, haben wir nicht reine Seelen?

Doch andrerseits: Wenn wir was brauchen,
dann hört uns knurren, hört uns fauchen!
Dann sind wir voller Gier und schnappen
uns x-beliebig viele Happen.

Und wenn man bei uns Hunger hat,
so wird zuerst der Starke satt.
Wir kennen keinen Paragraphen,
ihn anzuklagen und zu strafen.

Wir haben bei uns keine Diebe –
ein Lump wär' der, der solches schriebe –
doch bleiben wir nicht ungefährlich,
denn – wörtlich – sind wir auch nicht ehrlich.

Einwand
des Fuchses

Ich widerspreche diesen Reimen
als großer Freund von Eigenheimen.
Es ist gerecht, daß ich besitze,
wofür ich arbeite und schwitze.

Laßt mich mit »Ich« und »Du« in Ruh:
Schließ' ich auch nicht die Höhle zu,
so ist sie doch ausschließlich »Mein«:
Ich lasse keinen andern rein!

Sondervotum
des Mopses

Das Thema regt mich auf, wau, wau,
ihr sagt ja schließlich, daß ich klau!
Und weil ich es (angeblich!) mache,
steckt ihr mich in die Gaunersprache.

Von wegen: ich – das Möpschen – stehlen!
Das bißchen kann doch wohl nicht zählen!
Nur ab und zu mal eine Wurst –
ihr trinkt wohl niemals übern Durst?

Bin ich auch etwas rund und dicklich,
so weiß ich doch, was recht und schicklich.
Es scheint mir mehr als übertrieben,
wenn ihr mich einreiht bei den Dieben.

Ihr meint es ja auch nicht genau,
das weiß ich schon, wauwau, wauwau.
Denn wäre ich ein Dieb, der Mops,
warum nehmt ihr mich dann nicht hops?

Das 8. GEBOT

Du sollst nicht falsch Zeugnis reden …

Ach, jeder hat so seine Schwächen,
und wir sind leider schwach im Sprechen,
im Lesen, Schreiben, Buchstabieren.
Das liegt uns einfach nicht, uns Tieren.

Woher das kommt, wird mancher fragen.
Das ist für uns sehr schwer zu … sagen.
Wir nehmen es stillschweigend hin,
wir haben keinen Sprachen-Sinn.

Auch will es uns nur selten glücken,
uns lyrisch treffend auszudrücken.
(So gut, wie grade dies Gedicht,
gelingt es uns sonst meistens nicht!)

Doch manchmal ist das Unvermögen
durchaus auch ein gewisser Segen –
und Unvermögen zu den Sätzen
bewahrt uns vor dem leeren Schwätzen.

Denn mit dem Reden und dem Schreiben
kann man auch manchen Mißbrauch treiben.
Wir sind in unsrer stillen Art
nach Gottes Plan davor bewahrt:

Den Nachbarn bösen Leumund machen
und sich durch Tratsch und Klatsch verkrachen,
das ist bei uns die Sitte nicht,
weil man bei uns – zum Glück – nicht spricht.

Wir können wohl mit Zähnen beißen,
doch nicht die Mäuler uns zerreißen.
Wir können euch zwar arg beschädigen,
doch niemals durch ein Wort erledigen.

Mit unsern schlichten Stimmgeräuschen
kann man nicht – wie mit Sprache – täuschen.
Zwar sind wir sprachlich nicht sehr findig –
doch darum sprachlich auch nicht sündig.

Sondervotum
der Raben

Was sollen die Gebote nützen,
wenn sie uns Tiere gar nicht schützen?
Ach, über uns wird hergezogen
und unbedacht drauflosgelogen.

Sind eure Pläne fehlgeschlagen,
sprecht ihr von »rabenschwarzen« Tagen.
Und denen kann man doch nicht trauen,
die wirklich »wie die Raben« klauen.

(Wie Wilhelm Busch den Raben schildert
und voller Ironie bebildert
als wüsten Säufer Huckebein –
das war doch letztlich auch gemein.)

Doch nichts schmerzt so wie jenes Sprichwort
(und das grenzt wirklich schon an Rufmord):
Die Eltern, die die Pflicht vergessen
bis hin zur Kleidung und zum Essen,

den Kindern keine Liebe geben
und nur ihr eignes Leben leben,
sind »Rabenväter«, »Rabenmütter« –
wie schmeckt uns die Bezeichnung bitter!

Ihr Menschen habt den Ruf der Raben
ganz systematisch untergraben.
Fragt ihr, was unsereiner fühlt,
wenn ihr mit unsrem Namen spielt?

Meint ihr, die Kinder, die wir lieben,
die müssen bei uns Kohldampf schieben?
Ach, selten hat man was vermocht,
wenn die Gerüchteküche kocht.

Postscriptum

1. Könige 17, 1–6

Doch Gott, der uns im Ursprung schuf,
sorgt auch für unsern guten Ruf.
Darin, wo ihr uns gar nicht schätzt,
hat er uns nämlich eingesetzt:

Er hat uns in Versorgungsfragen
besondre Dienste aufgetragen.
(Da ihr doch dachtet sehr gehässig,
wir wären grade hierin lässig.)

Elia dort am Bache Krit,
der unter großem Hunger litt,
dem brachten wir in seiner Not
zu seiner Stärkung Fleisch und Brot.

Wir durften öffentlich beweisen,
daß wir die Hungrigen gut speisen.
Doch kennen leider wenige
das erste Buch der Könige!

Die Wahrheit über unser Wesen
könnt ihr in eurer Bibel lesen.
Ihr lernt draus, daß die Heilge Schrift
durchweg ins Raben-Schwarze trifft!

Das 9. und das 10. GEBOT

Du sollst nicht begehren deines Nächsten …

Der Futterneid

Hat man den Magen richtig voll,
dann kann man wohl, was man hier soll.
Mit einem Magen, einem leeren,
jedoch – da kommt auch das Begehren

und damit dann der Futterneid.
Er ist gewiß nicht schön, verzeiht.
Doch wißt ihr es von euren Kindern:
Er läßt sich einfach nicht verhindern.

Man hat sich schließlich selber lieb –
das ist der Überlebenstrieb.
Und wenn die Sachen dann noch schmecken,
schafft man es nicht, zurückzustecken.

Bei uns regiert jedoch der Neid
zum Glück meist nur zur Essenszeit.
Bei euch ist er erheblich schlimmer:
Er plagt euch häufig, ja, fast immer.

Denn Neid ist das, was Menschen fühlen,
wenn sie so aufeinander schielen
und eins dem andern gar nicht gönnen,
etwas zu haben oder können.

Ihr könnt's nicht lassen, zu vergleichen,
wollt mehr als andere erreichen.
Wenn die euch aber überbieten,
dann haltet ihr euch gleich für Nieten.

Profilneurose

Auch das gehört zum Thema »Neiden«:
Ihr pflegt sehr kräftig aufzuschneiden
und euch und euer eignes Leben
vor anderen hervorzuheben.

Wir sind gewohnt, im Tun und Lassen
uns unsrer Gattung anzupassen.
Ganz anders euer Lebensstil:
Ihr sucht das eigene Profil.

Doch wo Profil – da auch Neurose,
und die gehört zu eurem Lose.
Wir Tiere sind davon verschont.
So wird Bescheidenheit belohnt.

Wir sind zwar relativ beschränkt,
doch nicht so leicht wie ihr gekränkt.
Wir sind nicht Künstler, nicht Erfinder,
doch seelisch sind wir viel gesünder.

Postscriptum

Sind wir jedoch in eurer Nähe,
trifft uns auch manches Seelenwehe:
Ein Tier in einem engen Stall
wird auch zu einem Psycho-Fall.

Und meint ihr etwa, Flugzeugkrach
macht unsre Nerven gar nicht schwach?
Wir stellen fest und wir erschrecken:
Ihr scheint neurotisch anzustecken.

Selbstgefelliges Sondervotum des Löwen

Ich bin stets nur auf eines scharf:
auf meinen täglichen Bedarf.
Ist der gedeckt und bin ich satt,
stört mich nicht, was der andre hat.

Dann döse ich ganz selbstgeFELLig
und bin dabei verträumt gesellig.
Ach, wenn ich so gemütlich ruhe,
glaubt man, daß ich nie Böses tue.

Kein Tier ist je vor Neid erbleicht,
weil man als Tier ja nicht vergleicht.
Ist unsre Gier einmal gestillt,
ist unser Leben ganz erfüllt.

Das ist der Unterschied zu euch:
Ihr bringt euch doch, selbst satt und reich,
mit eurem scheelen* Seitenblick
durch eigne Schuld um euer Glück.

Sagt mir, warum, um Himmels willen,
läßt eure Gier sich niemals stillen?
Was könnte ich euch wohl empfehlen
als Medizin für eure Seelen?

Ich meine schon, ich wüßte was
als Mittel gegen Streit und Haß,
für tiefen Schlaf und gegen Neid:
Es ist die SelbstgeFELLigkeit.

* vergleiche Matthäus 20,15.

Epilog

Tierische ZUSAMMENSCHAU*

Der Mensch
braucht einen Überblick

Für einen Menschen-Buchverlag
schreibt man als Tier nicht jeden Tag.
Weit mehr, als ihr womöglich denkt,
hat uns die Sache angestrengt.

Wir möchten mit den anspruchsvollen
Gedanken über Sein und Sollen
darum zu guter Letzt nun schließen
und wieder frische Luft genießen.

* Die Wortspielerei »ZusamMENSCHau« stand vor vielen Jahren in der satirischen Zeitschrift »PARDON«.

Doch hoch ist der Erwartungsdruck
bei einem Buch von Vandenhoeck.
Und eines dürfen wir nicht lassen:
Wir müssen nun zusammenfassen.

Es braucht der Mensch zu seinem Glück
so eine Art von Überblick.
(Der Mensch, man hört es schon am Laut,
heißt Mensch, weil er zusamMENSCHaut.)

In diesem Sinn: zum Schluß des Buches
erkühnen wir uns des Versuches
(obwohl wir hierbei diletTIERen),
einmal zu systematisieren.

Summa

Wir sagen schlicht und unumwunden:
Wir sind mit der Natur verbunden.
Sei's in die Wiege uns gelegt,
sei's durch Erziehung eingeprägt,

in dieser Hinsicht sind wir stur:
Wir halten uns an die Natur!
Denn sie ist unser ganzes Leben,
was sollten wir nach Höhrem streben?

Bei euch ist zur Natur das Band
gelöst durch Freiheit und Verstand.
Gott wollte euch als Ebenbild,
das sein Wort hört und es erfüllt.

Und er beschloß, auf euren Wegen
euch nicht im voraus festzulegen.
Ihr steht darum weit über allen –
und könnt auch tiefer als wir fallen.

Wir sagen das voll Mitgefühl:
Bei euch steht soviel auf dem Spiel,
weil Gott euch eben niemals zwingt
(wie uns, ihr wißt, durch den Instinkt).

Ihr sagt zu uns: »Ihr steht ja tiefer!«,
doch wir zu euch: „Bei euch ging's schiefer!«
Bei uns, im Urwald wie im Stall,
gibt's nämlich keinen Sündenfall.

(Doch sind wir, wie wir biblisch wissen,
in euren Fall hineingerissen
und aus dem Paradies vertrieben –
so steht es sinngemäß geschrieben.)

Wir kommen nun zur Gretchenfrage
bezüglich uns und eurer Lage:
Sagt, welcher Art von Schöpfungsleben
soll man denn nun den Vorzug geben?

Wär's uns wohl lieb, zu konverTIEREN
und dann mit menschlichen Papieren
so ganz human zu exisTIEREN,
statt unbewußt zu vegeTIEREN?

Nun, ohne das so aufzubauschen,
ganz schlicht: Meint ihr, wir möchten tauschen?
Wir denken: letzten Endes nicht.
Hört unsern Grund für den Verzicht:

Ein Mensch zu sein, ob Frau, ob Mann,
strengt innerlich doch äußerst an.
Er muß auf allen seinen Wegen
ja Schritt für Schritt stets überlegen.

Ein Tier hat im Vergleich dazu
verhältnismäßig seine Ruh.
Der Mensch als solcher ist bewußter,
das Tier als solches ist robuster.

Doch hat sich niemand ausgewählt,
zu welcher Sorte er jetzt zählt.
(Wie sollte das auch schließlich gehn
vor unserm eigenen Bestehn?)

Ein jeder findet sich so vor,
als Tier, als Mensch, Genie und Tor.
Wer kann sich wohl schon immer leiden?
Doch kann sich niemand von sich scheiden.

Und weil man diese Lebensfrist
an sich ganz schlicht gebunden ist
und daran gar nichts ändern kann,
so nehme man sich selber an.

Wir Tiere tun das sowieso.
Und werdet ihr denn anders froh?

Nachwort

Der TRANSPARENT-Reihe entsprechend, handelt es sich bei diesem Band um eine Originalausgabe. Lediglich der, ohnehin etwas freche und vorlaute, Spatz macht da eine Ausnahme. Er pfiff bereits in der Nordelbischen Kirchenzeitung (Nr. 10/1994) von den Dächern.

Einige Bemerkungen möchte ich hier nun noch anfügen.

Der zweite Teil dieses Gedichtbandes besteht in dem humoristisch-besinnlichen Versuch einer »KommenTIERung der Gebote«. Dazu hat mich, außer dem Spaß an der Sache, eine bestimmte Absicht bewegt. Am Leitfaden der Gebote läßt sich eine Menschenkunde aus christlicher Sicht formulieren. Dabei tritt durch den Tiervergleich gerade die Eigenart des Menschen hervor. Stichwortartig will ich andeuten, was der begriffliche Kern der humoristischen Ausführungen ist:

1. Gebot: Die Beziehung der Tiere und der Menschen zu ihrem Schöpfer.
2. Gebot: Das persönliche Sein des Menschen im Gegenüber zum persönlichen Gott; der »Name« im Hinblick auf Gott, Mensch und Tier.

3. Gebot: Kultur und Natur; das Zeitbewußtsein des Menschen im Unterschied zur relativen Zeitlosigkeit des tierischen Lebens.
4. Gebot: Die Geschichtlichkeit des Menschen; der Zusammenhang der Generationen.
5. Gebot: Der Mord als Beispiel für die Abgründigkeit menschlicher Möglichkeiten im Unterschied zum instinktgebundenen Verhalten der Tiere.
6. Gebot: Glück und Abwege menschlicher Liebe – die Paarung der Tiere.
7. Gebot: »Ich und Du« und »Mein und Dein«.
8. Gebot: Die Sprache.
9. und 10. Gebot: Individualität und Gemeinschaft bei Menschen und Tieren.

Bei diesem Weg durch die Gebote zeigt sich immer neu, daß der Mensch – im Unterschied zu den Tieren – in einer Spannung lebt: der Spannung von Gut und Böse, von Wahrheit und Irrtum, von Erfüllung und Verfehlung, von geglücktem und mißlingendem Leben.
Bei einigen der in diesem Band vorgelegten Gedichte stehen besondere Anregungen im Hintergrund, die ich hiermit ausdrücklich nennen möchte:
Der Gedanke, der im »Postscriptum« zur Spinne ausgedrückt ist, findet sich in Rudolf Bösingers kleiner Schrift »Bruder Esel« (Limburg 1980).
Der Mensch ist von Gott los- und freigelassen und ist insofern von Gott »weiter weg« als die Tiere. Dieser in der theologischen Anthropologie gängige Gedanke steht im Hintergrund der KommenTIERung des 1. Gebotes. In besonders einprägsamer Weise fand ich den betreffenden Sachverhalt ausgedrückt in Erich

Hitzblecks Buch »Die Schöpfung als Gottesoffenbarung« (Neuhausen/Stuttgart 1982), und zwar auf den Seiten 432 ff.
Die Treue der Gänse ist spätestens durch die Beobachtungen von Konrad Lorenz belegt (Das sogenannte Böse, 1. Auflage, Wien 1963). Inzwischen sind einige Jahrzehnte ins Land gegangen. Ich möchte aber annehmen, daß die Gänse ihre Gepflogenheiten nicht geändert haben und immer noch gilt, was Lorenz einst über sie schrieb. Auch im Zusammenhang des fünften Gebotes berufe ich mich auf dieses Buch.
Schließlich liegt mir daran, auf Erwin Reisners Buch »Der Baum des Lebens« (Berlin 1937) hinzuweisen. Die »ABSCHWEIFung zu den Namen« und das Gedicht über die Schlange sind von diesem Werk beeinflußt. Bei Reisner finden sich wertvolle Ausführungen zu einer »Wesensbestimmung« der Tiere. Der Mensch hatte im Paradies die Aufgabe, die Tiere mit der Welt des Geistes zu verbinden und sie dem Schöpfer darzubringen. Diese Aufgabe sieht Reisner im Auftrag der »Namensgebung« symbolisiert. Hätte der Mensch diese Namensgebung auf rechte Weise vollzogen, dann hätten die Tiere zu ihrer eigentlichen Bestimmung gefunden. Sie wären im Blick auf den Menschen das geworden, was die Engel im Blick auf Gott sind. Der Mensch hat jedoch, so Reisner, diesen Auftrag verfehlt und hat das Tier nur in seiner Minderwertigkeit wahrgenommen. So wurde das Tier seinem ganzen Wesen nach in den menschlichen Fall hineingezogen. Das Tier dieser Welt ist nun auch nicht mehr das paradiesische Tier.
Sind das zu weitläufige, unüberprüfbare Gedanken? Mir scheint, Reisner führt in einer gedanklichen Tiefe nur das aus, was wirkliche Erfahrung mit Tieren ist.

Herr und Hund, Reiter und Pferd erleben doch etwas von der ursprünglichen (paradiesischen) Zuordnung von Mensch und Tier. Und Kellerassel, Spinne und Krokodil (um nur einige unangenehme Gesellen zu nennen) drücken in besonderer Weise im Tierreich etwas von der Gefallenheit dieser Welt aus. Was ursprünglicher Auftrag des Menschen war, bleibt nun Verheißung für die künftige Welt: »Wird das Tier beim rechten Namen genannt, so verliert es dadurch nicht nur endgültig seine vordergründige Minderwertigkeit, sondern wird darüber hinaus dem Menschen zur Hilfe, nun auch sich selbst im rechten Licht zu sehen und Gott dem ihm gebührenden Namen, der ›All-Mächtiger‹ und ›All-Liebender‹ heißt, zu geben« (S. 45 f.).

Wenn Sie weiterlesen möchten…

Thomas Schleiff

Verse über die Ferse…

Heitere christliche Körperkunde
Transparent, Band 37

Thomas Schleiff legt hier – wieder mit Witz und besinnlicher Absicht – Grundsätzliches zum Leib-Seele-Verhältnis vor. In Versform geht es um Blinddarm und Ellenbogen, um Ferse, Achseln, Zunge, Fingernägel, Herz und Hirn.

Leseprobe

Der Zeigefinger

Entdecken wir bei **andern** Schwächen,
macht es uns Spaß, davon zu sprechen.
Auch ist es manchem dann zu eigen,
mit seinem Finger drauf zu zeigen

und gar noch an die Stirn zu tippen.
Mensch, führ ihn lieber an die Lippen.
Dann machst du deinen Zeigefinger
grad umgekehrt zum Schweigefinger.